AF227075

LE MARIAGE DU VAUDEVILLE

ET

DE LA MORALE,

COMÉDIE EN UN ACTE,

EN VERS, MÊLÉE DE VAUDEVILLES;

PAR le Citoyen PIIS.

ridiculum acri
Fortius ac melius plerumque secat res.

Prix Vingt sols.

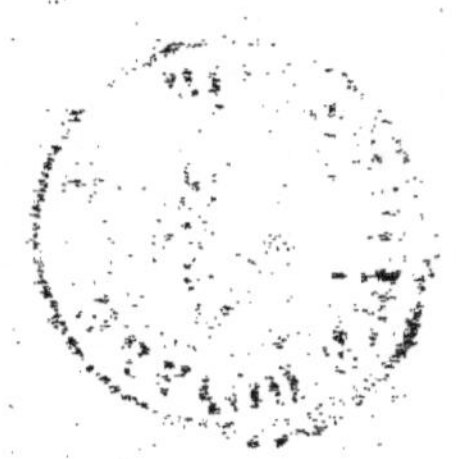

A PARIS,

CHEZ le Libraire, au Théâtre du Vaudeville,
Et à l'Imprimerie, rue des Droits de l'Homme, N°. 44.

An Deuxième.

PERSONNAGES.

LE VAUDEVILLE.

LA MORALE, fille de Minerve.

ARLEQUIN, valet du Vaudeville.

MICHAU, paysan.

YOUNG, poëte et philosophe anglais.

Un VIEILLARD et sa Femme.

Un JEUNE HOMME et sa Femme.

Un ENFANT et sa petite Sœur.

CATALOGUE

Des pièces du Théâtre du Vaudeville, et autres nouveautés qui se trouvent chez le Libraire, au Théâtre du Vaudeville, et à l'Imprimerie, rue des Droits de l'Homme, N°. 44.

LES deux Panthéons, en trois actes, par le C. Piis.
Les mille et un Théâtres, en un acte, par le C. Desfontaines.
L'Isle des Femmes, en un acte, par le C. Léger.
La Revanche forcée, en un acte, par le C. Deschamps.
Arlequin Afficheur, en un acte, des CC. Barré, Radet et Desfontaines.
Le Projet manqué, ou Arlequin taquin, en un acte, par les mêmes.
Le Petit Sacristain, en un acte, par le C. Maurort.
Piron avec ses amis, en un acte, par le C. Deschamps.
Nice parodie de Stratonice, en un acte, par le C. Despréz.
Favart aux Champs Élysées, en un acte, par les C. Barré, Radet et Desfontaines.
Arlequin, Tailleur, en un acte, par les CC. L. et T.
Georges et Gros-Jean, en un acte, par le C. Léger.
La Gageure inutile, en un acte, par le même.
Arlequin, Friand, en un acte.
L'Heureuse Décade, en un acte, par les CC. Barré, Léger et Rosières.
Le Saint déniché, en un acte, par le C. Piis.
Encore un Curé, en un acte, par les C. Radet et Desfontaines.
La Plaque retournée, en un acte, par les CC. L. et T.
Le Savetier et le Financier, en un acte, par le C. Piis.
Le Faucon, en un acte, avec la musique, par le C. Radet.
Etrennes Lyriques, pour l'an deux de la République, (1794, vieux style.)
La collection des mêmes, formant 14 vol.
La Consolation des Cocus, avec figures.
Les Faveurs du Sommeil, vol in-18, figures; prix 2 liv. 10 s.
Chansons Patriotiques du C. Piis, avec les airs notés, vol. in-18, figure, et autres nouveautés.

Nouveau Recueil de Romances, Chansons et Vaudevilles, par
[…]
Le Guide des Acquéreurs […] vol. in-18,
avec tableaux.
Et autres nouveautés.

Sous presse, & qui paraîtront incessamment.

ARLEQUIN Joseph, en un acte, par le C. […]
Arlequin Pigmalion, en un acte, par le C. Dessiou.
Les Volontaires en route, en un acte, par le C. Raffard.
La Matrone d'Ephèse, en un acte, par le C. Radet.
Le Prix, ou l'Embarras du Choix, en un acte, par le même.
La bonne Aubaine, en un acte, par le même.
Le Noble Roturier, en un acte, par le même.
La Fête de l'Egalité, en un acte, par les C. Radet et Desfontaines.
Le Divorce, en un acte, par le C. Desfontaines.
Le Poste Evacué, en un acte, par le C. Deschamps.
La Nourrice Républicaine, en un acte, par le C. Piis.

LE MARIAGE DU VAUDEVILLE

ET

DE LA MORALE,

COMÉDIE-VAUDEVILLE,

En un Acte, en vers.

Le Théâtre représente un site de campagne. A droite est une maison rustique ; et dans le fond, le palais de Minerve.

SCÈNE PREMIÈRE.

LE VAUDEVILLE, ARLEQUIN, MICHAU.

ARLEQUIN.

MA foi, monsieur, je vous promets
Que nous sommmes bien loin de nos foyers....

LE VAUDEVILLE.

J'observe,
Et je conviens que nos projets
    (à Michau.)
N'étaient pas.... Quoi ! c'est là le palais de Minerve ?

A

MICHAU.

Je vous l'ai déjà dit, et je ne mens jamais.

LE VAUDEVILLE.

Et vous habitez, vous, ce canton de réserve ?

MICHAU.

De père en fils, toujours en paix,
Depuis quatre cents ans. . . .

ARLEQUIN.

Le ciel vous y conserve. . . .

(*Le Vaudeville et Arlequin chantent le refrain de l'air :* Va-t-en
voir s'ils viennent jean.)

MICHAU.

A ce refrain moqueur, à ce souris malin,
Ne seriez-vous pas, vous, le jeune Vaudeville,
Et vous, son valet Arlequin ?

ARLEQUIN.

Prétendre le nier, serait chose inutile.
C'est lui, c'est moi, c'est nous. . . . Mais quand nous
    sommes vrais,
Soyez-le à votre tour. . . . Quoi, dans ce même azile,
    De père en fils ? toujours en paix !
Depuis quatre cents ans ? . . . C'est être bien tranquille,
Et pour un tel repos, nous ne serions pas faits.

Air : *Du vaudeville des deux jumeaux de Bergame.*

Les Arlequins un peu de mise,
S'y sont toujours autrement pris :
Fidèles . . . . à la gourmandise,
Et constans . . . . dans nos vieux habits.

(3)

Tantôt de Paris à Bergame,
Tantôt de Bergame à Paris ;
Nous changeons de maître et de femme,
Pour connaître plus de pays.

(*bas à Michau*)

Et quant au Vaudeville, oh ! c'est bien pis encore,
Maître Michau, vous ririez de le voir
Courir les carrefours au lever de l'aurore,
Pour ne s'arrêter que le soir.

LE VAUDEVILLE.

AIR : De Cadet Roussel.

Toujours chantant, toujours dansant,
Dès le berceau je fus errant ;
Tantôt dévot, tantôt galant,
Parfois badin, parfois méchant ;
Les troubadours, de terre en terre,
Me conduisaient par la lizière.
Ah ! ah ! vraiment,
Combien j'ai marché, quoiqu'enfant !

On m'a vu, quand je fus plus grand,
Dans les guinguettes me grisant.
Puis, à la foire Saint Laurent,
De terme en terme dénichant ;
Puis chez la troupe Italienne.
Courant, trottant de scène en scene :
Ah ! ah ! vraiment,
Combien j'ai marché, quoiqu'enfant !

MICHAU.

N'y restez-vous plus maintenant ?

LE VAUDEVILLE.

J'ai pris un autre logement.

A 2

(4)

ARLEQUIN.

Mon cher maître , un petit moment ,
Il faut agir discrétement.. , .
Cette dame Minerve est peut-être aux écoutes ?

MICHAU.

Oh ! non , sur ce point là , banissez tous vos doutes.

LE VAUDEVILLE.

C'est à côté des Tuileries ,

ARLEQUIN , *l'interrompant.*

Que nous dressons nos batteries.

MICHAU , *souriant malignement.*

Ah ! ah ! j'entens. . . .

ARLEQUIN , *vivement.*

C'est un quartier de bons enfans.

MICHAU.

Oui-da ?

ARLEQUIN.

Vous devriez en augmenter le nombre
En nous suivant : vous seriez sur
De n'y jamais engendrer d'humeur sombre.

MICHAU.

Le front est toujours gai , lorsque le cœur est pur,

AIR : *Mon père était pot.*

Je conçois que vous n'aimiez pas
A demeurer en place ,
Mais ma chaumière à des appas
Qu'à mes yeux rien n'efface.

Les gens à talens.... (*Arlequin salue.*)
Les fous, les savans
Changent souvent d'adresse ;
Mais l'homme des champs,
Loger de tout temps
Auprès de la sagesse.

LE VAUDEVILLE.

Auprès de la sagesse.... Eh mais, sous ces ormeaux ;
Vous ne voyez passer que des originaux ;
Jamais une femme jolie !

MICHAU.

Une femme céleste, en vertus accomplie ;
Du fond de ce palais, protége mon enclos.

LE VAUDEVILLE.

C'est Minerve ?

MICHAU.

Oh ! que non : Minerve est invisible.
C'est sa fille....

ARLEQUIN.

Sa fille !

MICHAU.

Oui : très-certainement.

LE VAUDEVILLE, *riant à gorge déployée.*

La fille de Minerve !

ARLEQUIN, *imitant son maître*

Il est par trop risible !

MICHAU.

Vous avez beau railler, c'est un fait très-constant.

LE VAUDEVILLE.

Air : *C'est un enfant.*

Ma foi si Minerve elle-même
S'est permis de faire un enfant,
On ne doit plus, c'est mon système,
    Etre étonné, si maintenant,
    Tant de jeunes filles,
    De bonnes familles,
Malgré leur père et leur maman
En font autant, en font autant.

MICHAU.

Tout beau, mon cher ami, vous n'avez pas raison ;
    Et vous rougirez tout à l'heure
    De ce bon mot hors de saison :
Si Minerve est coupable, à l'instant que je meure.

Air : *Du vaudeville de la Soirée Orageuse.*

    Vous avez lu dans le latin,
    Ou vous savez par renommée,
    Qu'un jour du cerveau de Jupin
    Minerve sortit toute armée :
    Or cette déesse à son tour,
    Ici, sans cesser d'être honnête,
    Nous a mis la morale au jour,
    Comme elle l'avait dans la tête.

LE VAUDEVILLE.

Et peut-on espérer qu'elle s'offre à nos yeux ?...

MICHAU.

Je le crois : Tatigué, que ce serait donc drôle,
    Si vous alliez en tomber amoureux !

LE VAUDEVILLE.

Pourquoi non ?

MICHAU.

Ma foi, c'est un rôle
Qu'elle a laissé jouer à des hommes fameux.

ARLEQUIN.

Que vous nommez ?

MICHAU.

Dans ma mémoire

Leurs noms, Grecs et Romains, sont tant soit peu confus ;
Mais je soutiens qu'ils en ont fait accroire,
Et n'ont, de la Morale, eû tous, que des refus.

Air : Avec les jeux dans le village.

Dans les sept sages de la Grèce,
Qu'à-t-elle vû ! sept orgueilleux ;
Héraclite eut trop de tristesse,
Démocrite fut trop joyeux.
Epicure eut trop de molesse,
Quand Zénon fut trop rigoureux :
Sénèque avait trop de richesse,
Et Diogène était trop gueux.

LE VAUDEVILLE.

N'a t-elle distingué personne
Parmi les écrivains Français ?

MICHAU.

Plusieurs la trouvant belle et bonne
L'ont fréquentée avec succès,
Mais nul d'entr'eux, à sa personne,
N'a voulu s'unir à jamais.

Même air.

Les auteurs les plus estimables,
Auprès d'elle ont manqué leur but.
Jean Lafontaine, avec ses fables,
Plus que tout autre enfin lui plut ;
Mais de ses espérances promptes,
Par sa propre faute il déchut ;
Il osa lui faire des contes,
Et la Morale disparut.

LE VAUDEVILLE.

Et depuis ?

MICHAU.

Oh ! depuis, c'est une différence ;
N'espérant plus fixer ses vœux :
A ses adorateurs nombreux
Elle donne, en passant, une courte audience.
Aïr : *C'est un propos, c'est un regard.*
Cent philosophes, tour-à-tour,
Prétendent lui faire la cour ;
Mais la belle, de leur ton fier
Se rit sous cape,
Et leur échappe
Comme un éclair.
Un seul pourtant, car il faut tout vous dire,
Paraît montrer plus de prétentions,
C'est un docteur Anglais, qui sans cesse soupire ;
Et qui dit son amour en lamentations.

LE VAUDEVILLE.

Vous l'appelliez ?

MICHAU.

Young.

ARLEQUIN.

Young ! Ce nom sauvage
N'est point du tout connu de nous.

MICHAU,

MICHAU, *après un dégout de Vaudeville.*

Ma foi, mon cher ami, je gage
Que malgré ce rival, vous seriez son époux
Si vous vouliez....

LE VAUDEVILLE.

Expliquez ce langage.

MICHAU.

La Morale aimerait votre joyeux visage....
Elle est femme, une fois qu'elle aurait votre main,
A faire le bonheur de tout le genre humain.

ARLEQUIN.

Sangodimi, monsieur, tréve à ce badinage.

AIR : *Eh! mais ouida.*

Apprenez que nous sommes
Delicats sur l'honneur.
Que si de tous les hommes
Elle fait le bonheur ;
Eh! mais ouida,
Mon maître jamais ne l'épousera.
Oh! n'enni da....
A-t-on jamais vu proposer cela ?

MICHAU.

Arlequin, sans m'entendre, à coup sur s'éfarouche ;
(*au Vaudeville.*)
Je dis que la Morale aimerait votre humeur,
Et qu'unis par la même ardeur,
Vous auriez, tandis qu'elle touche,
L'art dégayer le spectateur ....
La vertu que par elle on aurait dans le cœur,
Par vous, en même tems, on l'aurait à la bouche.

B

Air: *De la parole.*

Mais elle s'avance à pas lents,
Sa modestie est sans égale....
Dans ses discours purs et touchants,
Ce n'est pas l'esprit quelle étale,
C'est la candeur, la bonne foi,
La bienfaisance quelle exhale.

(*la morale parait.*)

ARLEQUIN.

Ah ! maître, êtes vous comme moi !
Dans mon cœur un je ne sais quoi
Me dit d'embrasser } La Morale.
Me dit d'embrasser }

(*La Morale sort du côté opposé.*)

MICHAU, *au Vaudeville.*

Air : *Des billets doux, ou C'est ce qui me console.*

Eh ! quoi, vous la laissez passer,

LE VAUDEVILLE.

Je n'ai pas osé m'avancer....

MICHAU.

Voilà qui vous retarde.

(*à part.*)

Ah ! combien de gens, comme lui,
N'osent l'aborder aujourd'hui,
Parce qu'on les regarde.   (*Bis.*)

Je vais faire pour vous, ce que je ne fais guères.

(*à la cantonade.*)

Voisine ! un moment, s'il vous plait....
Voici des étrangers qui, par leurs vœux sincères,
Méritent avec vous un entretien secret.....

(*au Vaudeville.*)

Elle est, ma foi, trop loin....

LE VAUDEVILLE, *à part.*

Peut-être bien quelle est

Aux espaces imaginaires,

(haut.)

Mais je veux sur ses pas envoyer mon valet.

Vôle et ramène-la.

ARLEQUIN, *avec réflexion.*

Ce sera bientôt fait.

(il sort.)

SCENE II.

LE VAUDEVILLE, MICHAU.

MICHAU, *en riant.*

D'AUTRES valets que lui, sans la rejoindre en route,

Ont usé bien des brodequins.

LE VAUDEVILLE.

Vous ne connaissez pas, sans doute,

L'agilité des Arlequins.

AIR : *Mon honneur dit que je serais coupable.*

On les croirait enfans de la folie,

Et point du tout; ils sont, rien n'est plus clair,

Fils naturels de la muse Thalie,

Qui leur a fait mettre un masque de fer.

MICHAU.

S'il est ainsi, votre Arlequin fidèle,

Peut ratraper la Morale qui fuit. ...

Mais qu'il s'observe, et qu'il coure après elle,

Comme on le voit courir après l'esprit.

B 2

LE VAUDEVILLE.

Papa Michau, c'est son projet.

MICHAU.

Vous, choisissez pour plaire à votre prétendue
Un de ces airs à simple effet,
Dont la mélodie est connue.
Pour moi, je vais guéter au bout de l'avenue ;
De peur qu'Young, pendant votre entrevue,
  Ne pénètre ici comme un trait.

(il sort.)

SCENE III.

LE VAUDEVILLE, seul.

AIR : *De son lon la landerirette.*

Bis, le com-
mencement de
l'air.

Elle est femme, ainsi j'augure
Qu'il lui faut des complimens.
Ouvrirai-je, à l'aventure,
Mes recueils du bon vieux tems !
Aux flons, flons, aux turlurette,
La Morale baillera....
Et mon lon la landerirette,
Peut-être bien la choquera.

AIR : *Ciel ! l'univers va-t-il donc se dissoudre.*

Il est des airs dont la marche est plus grave,
Où mon gosier pourrait en à, mi, là,
Quoi qu'en partant de la cave,
Monter d'octave en octave,

Passer la flute et se reposer là ;
  Mais mon plan échouera ,
    Si j'en régale
    La Morale.
  On sait quelle a
  Long-tems fui l'opéra.

    A I R : *Comment gouter quelque repos.*

Qu'ai-je, au surplus, si grand besoin
D'aller me fatiguer la tête !
Pour lui faire un accueil honnête ,
Dois-je chercher des airs si loin ?
Il est bien rare de séduire
Par un discours trop apprêté ,
Et l'on plaît mieux à la beauté ,
Quand on lui dit ce quelle inspire.   (*bis.*)

  O ciel ! quelle métamorphose ,
Quand je la fixe un peu, s'opère en moi soudain ?
Je me sens toujours gai, toujours leste et malin ,
Mais ce n'est plus la même chose.
Pour lui parler raison, par instinct je dépose
    Ma flûte avec mon tambourin,
Et si mon esprit cherche un frivole refrain,
Une grave maxime est là, qui se propose.

SCÈNE IV.

LE VAUDEVILLE, LA MORALE, ARLEQUIN.

ARLEQUIN, *au Vaudeville.*

A*ir*: *Des Visitandines*, (Dans cette maison à quinze ans.

Madame passait son chemin,
Sans voir le valet ni le maître.

LA MORALE.

J'ai connu Panard et Carlin....
Puissai-je en vous les reconnaître !

ARLEQUIN, *bas au Vaudeville.*

J'ai dit que j'étais Arlequin,
Vous, le Vaudeville modeste....
J'ai mis votre affaire en bon train,   (*bis.*)
C'est à vous de presser le reste.   (*bis.*)

LA MORALE.

Jeune homme, en me faisant revenir sur mes pas,
Qu'espérez-vous de moi ? soyez bref et sincère.

LE VAUDEVILLE, *à part.*

Ne précipitons point un aveu téméraire.
(*Haut.*)
J'espère rendre hommage à vos chastes appas :
Heureux, si plus souvent à ma muse étourdie
Vous vouliez inspirer des couplets délicats,

Et quelque jour , par grace , en acceptant mon bras ,
Me faire parvenir jusqu'à la comédie....

LA MORALE.

Jusqu'à la comédie ! hélas ! hélas !

LE VAUDEVILLE.

Comment ?

Ces lieux publics ne sont-ils plus vos temples ,
Et de vertu , journellement ,
N'y montrez-vous pas des exemples ?

LA MORALE.

Ce serait mon bonheur ; il en est autrement :
Je n'en accuse point les prêtres de Thalie ;
Ils redoubleraient tous de zèle et de talent ,
Si les bons écrivains , unis dès ce moment ,
Substituaient mon culte à la licence impie
Que maint auteur prêcha trop criminellement....
Mais , à votre langage il faut que je me plie ,
Pour me faire de vous entendre clairement.

AIR : *Moi j'ai le mien , j'ai le mien , faisons-en la revue.*

Où nous voyons des soubrettes
Qu'on séduit avec de l'or ,
Ou nous voyons des coquettes
D'un plus mauvais genre encor ;
Des amants d'un ton frivole ,
Des mères qui sont sans mœurs ,
Des pères qu'on raille et qu'on vole ,
Des sots qu'on nomme docteurs ;
Et des tuteurs ,
Tous grondeurs ,
Chicaneurs ,

Radoteurs,
Corrupteurs,
Ou menteurs :
Est-ce donc mon école !

LE VAUDEVILLE.

J'admire en ce moment votre vivacité,
Et Thalie, à coup sûr, aimeroit ces boutades :
Mais, si vous lui montrez tant de sévérité,

(à part.)

J'aurai bien de la peine à sauver mes parades.

LA MORALE.

Même air.

Où l'on voit le petit maître
Sur le sage avoir le dé :
Et le riche méconnaître
Son marchand intimidé.
Où sans cesse l'on immole
Les nœuds d'hymen au mépris,
Où l'on dépeint, à tour de role,
Tous les beaux arts avilis ;
    Et leurs amis
    Appauvris,
    Bien transis,
    En habits
    Rétrécis,
    Raccourcis :
Est-ce encor mon école !

ARLEQUIN.

Non, madame, et tenez, moi qui ne suis qu'un sot,
A ces satyres là je veux joindre mon mot,

Même air.

Croyant Thalie un oracle,
Autrefois je m'appliquais

A

A démêler au spectacle
Le devoir des bons laquais ;
Mais dans des pièces qu'on aime,
Lorsque j'ai vu les destins,
De stratagème en stratagème
Entasser l'or dans les mains ;
 Des Trivelins,
 Des Scapins,
 Des Frontins,
 Des Crispins,
 Des Pasquins,
 Tous coquins,
J'en ai volé de même.

LE VAUDEVILLE.

Le pendard !

LA MORALE.

Le fripon !

ARLEQUIN.

    S'il faut que j'en rougisse....
Impossible à mon teint, daignez en convenir :
Je me repens, c'est tout.-...

LE VAUDEVILLE, *faisant mine de le battre.*

     Pour te mieux repentir
Il te faudrait....

ARLEQUIN, *montrant la Morale.*

   Entrer à son service....
Mais pour entrer à son service,
Du vôtre il me faudrait, sur le champ, déguerpir ;
    (à la Morale.)
Comment faire ? attendez.... Si, malgré sa malice,
A l'épouser vous pouviez consentir....

En le servant, je pourrais vous servir,
Et ce serait tout bénéfice....
   (*au Vaudeville.*)
Battez-moi, maintenant, si c'est une justice ;
La déclaration avait peine à sortir....
Il était tems que pour vous je la fisse.

LA MORALE.

Qu'ai-je entendu ?

LE VAUDEVILLE, *tendrement.*

La vérité.

LA MORALE.

J'ai lieu d'en être un peu surprise....
Vous saurez.....

LE VAUDEVILLE.

Je sais tout : Des bords de la Tamise,
Le philosophe Young, depuis peu s'est butté
A vous faire une cour soumise,
Et ce docteur anglais par sa célébrité.....

LA MORALE.

Sa conduite, aux pamphlets ne donne point de prise.
Mais mettons, s'il vous plait, son amour de côté ;
Du votre, en bonne foi, que faut-il que je dise ?
Minerve....

LE VAUDEVILLE.

Bien souvent d'un rien se formalise.

LA MORALE

Minerve vous a peint comme un jeune éventé,
Qui joint l'étourderie à la méchanceté.

LE VAUDEVILLE.

Je vais vous dire avec franchise,
Comment, dans tous les tems, je me suis comporté.

AIR: *Colinette au bois s'en alla.*

Je fais aux hameaux
Danser sous les ormeaux :
J'enfle les pipaux,
Des jeunes pastoureaux,
Qui par monts et par vaux
Conduisent leurs troupeaux.
J'interprète les sentimens
Des maîtresses et des amans.
J'écris les complimens
Des enfans
Aux parens ;
Je fais chanter les paysans,
Les soldats et les artisans,
Chacun dans leur style.
Tra la ra, la ra, la, la, la, la, la, la, la, la, la, la

(*Il fait la pantomime d'un paysan qui chante, d'un soldat
qui marche au pas redoublé, et d'un ouvrier qui travaille,
le tout pendant ce refrain.*)

LA MORALE, *souriant.*

Passe pour cela,
Vaudeville,
Passe pour cela.

Après ?

LE VAUDEVILLE.

Après !

ARLEQUIN.

Allons, mon maître... Elle sait tout.
Autant vaut-il ne lui rien taire ;

C 2

Malgré le proverbe vulgaire ,
Le péché qu'on déclare est celui qu'on absout.

LE VAUDEVILLE, *gaîment.*

Puisque Minerve vous éclaire ,
Il serait assez de mon goût ,
Que vous fissiez une critique amère
De mes défauts.

LA MORALE.

Votre air gai m'y résout.

Même air.

Vous peignez , parfois ,
Des tableaux trop grivois ,
Et de vos bons mots
Souvent le sel est gros.
Jadis complimenteur ,
Vous étiez trop flateur.
En ville , aux gages des méchans ,
Vous déchiriez de tems en tems ,
Par des couplets mordans ,
Les vertus , les talens....
Voilà tous vos torts , les voilà ,
Et les torts de ce coquin là.

ARLEQUIN.

Apostrophe inutile !

LE VAUDEVILLE, *à genoux,*

Pardonnez-nous les.

ARLEQUIN, *grotesquement.*

ah ! ah ! ah ! ah ! ah ! ...

LA MORALE.

Nous verrons cela ,
Vaudeville ,
Nous verrons cela.

SCÈNE V.

Les précédens, **YOUNG**, *enveloppé dans son manteau*, **MICHAU.**

YOUNG.

O ciel ! quel excès d'arrogance !
Un bâteleur à ses genoux.

ARLEQUIN.

Un bâteleur !

LA MORALE.

Modérez-vous.

ARLEQUIN.

C'est mon maître, et par-tout je prendrai sa défense.

MICHAU. *courant après Young qui a l'air de lui être échappé.*

AIR : *Du prévôt des marchands.*

J'espérais l'arrêter là-bas,
Mais il m'a fait dormir, hélas !
A force de vers et de prose.
Il est, fatigué, certains cas
Où c'est une bien triste chose
D'avoir un savant sur les bras.

YOUNG.

Fille de la Sagesse, et c'est là votre amant !

MICHAU, *à Young.*

Si vous le permettez.

ARLEQUIN.

si monsieur y consent.

LA MORALE, *à Young.*

Air : Résiste-moi belle Aspasie.

Puis-je empêcher le Vaudeville
De se montrer votre rival ;   (*bis.*)
Son but au votre est bien égal,
Mais il ne prend pas votre stile :
Vous mettez une urne à mes pieds,
Il seme des fleurs sur mes traces ;
Aux Parques vous sacrifiez ,
Tandis qu'il sacrifie aux Graces.   (*bis.*)

Vous trouvez je ne sais quels charmes
A démontrer , bien savamment,
Que le coupable et l'indigent
Ont dû toujours verser des larmes,
Il démontre d'aussi bon cœur ;
Pour accréditer son empire ,
Que l'innocence et le bonheur
Ont toujours dû chanter et rire.   (*bis.*)

D'ailleurs s'il se montre trop vif ,
Comme vous montrez , vous , trop de mélancolie ,
Sachez que de moi-même ici je me défie ,
Et que je me réserve un essai décisif.
Je vais vous envoyer , (c'est une fantaisie ,)
Un couple déjà vieux , un couple adolescent,
        Suivi d'un couple encor enfant ,
Et celui de vous deux dont la philosophie
Paraîtra convenir aux trois également
Fera seul , comme époux , le bonheur de ma vie

(23)

YOUNG.

Je souscris à l'épreuve.

LE VAUDEVILLE.

Et moi pareillement.

(La Morale sort.)

SCÈNE VI.

Les précédens, excepté **LA MORALE.**

MICHAU, *après l'avoir écouté attentivement*

Air: *Pan, pan, pan.*

MAITRE il faut vous mettre en frais,
Puisqu'il nous vient compagnie ;
Quand on chante, on danse après :
Vos instrumens sont-ils prêts !

YOUNG.

Ah ! que je voudrais
Rêver en paix
Dans les forêts !

MICHAU.

La charmante mélodie !

ARLEQUIN.

De ces tra la ra, lara, la ra, la res
Que les sens sont satisfaits.

LE VAUDEVILLE.

Même air.

Ces gens seront des français,
Il faut que je m'étudie
A leur choisir des couplets
Qu'ils puissent redire après.

YOUNG.

Que j'enragerais
Si ces couplets
Etaient bien faits !

ARLEQUIN, *à Michau.*

Qu'est-ce donc qu'il psalmodie ?

YOUNG.

Que ne suis-je au frais,
Sous des cyprès,
Plantés exprès !

MICHAU, *après l'avoir écouté attentivement.*

C'est du vaudeville anglais.

SCÈNE VII.

Les précédens, UN VIEILLARD *et sa Femme.*

MICHAU.

VOICI déjà deux de nos personnages,
Leurs pas sont un peu chancelans ...

ARLEQUIN.

A peine voit-on leurs visages :
Ce sont deux siècles ambulans.

LE

LE VIEILLARD.

AIR : *Dans la vieillesse, ce n'est que changement.*

Dans la jeunesse,
Par la tendresse
Unis,
Dans la vieillesse,
Toujours bien bons amis.

LA VIEILLE.

Nous courons le pays,
Cherchant les beaux esprits,   *Arlequin salue.*
Qui de vous a l'adresse
D'ouvrir de bons avis
A la vieillesse !

YOUNG.

C'est moi.…

MICHAU et **ARLEQUIN**, *montrant le Vaudeville.*

C'est lui.…

YOUNG.

C'est moi !

LE VIEILLARD, *à sa femme.*

Ma bonne amie,
Ils m'ont l'air d'être peu d'accord.

LA VIEILLE, *à son mari,*

La Morale aurait dû nous prévenir d'abord
Que c'était une académie.

YOUNG, *au Vieillard qu'il tire rudement à part.*
Buvez-vous ?

ARLEQUIN, *à part à Michau.*
Quelle question ?
Il boit quand il a soif.…

D

LE VIEILLARD.

Le vin réjouit l'ame,
Et j'en prends volontiers, surtout quand il est bon.

YOUNG, *à la vieille qu'il prend à part*

Chantez-vous ?

MICHAU, *à part à Arlequin.*

Comme il parle à cette pauvre femme ?

LA VIEILLE

Monsieur, je chante encor, suivant l'occasion.

YOUNG. *au Vieillard et à la Vieille.*

Tant pis, tant pis ; la jeunesse effrénée,
Avec de tels plaisirs énerve tous ses sens ;
Mais vous, vous feriez mieux, si vous étiez prudens,
De contempler le long de la journée
Le glaive de la destinée
Qui pèse sur vos cheveux blancs.

LA VIEILLE.

AIR : *Il est encore à soixante ans.*

Combien vous avez peu d'égards
A la faiblesse de notre âge ;
Devriez-vous à des vieillards
Rappeler cette affreuse image !

LE VIEILLARD.

Pour ne pas voir la faulx du tems,
A nous moissonner toujours prête,
Les dieux, cent fois plus indulgens,
Nous forcent de courber la tête.

(27)

MICHAU.

Comme il a le teint pâle, et comme elle a l'air blême !
Ce sermoneur les a glacés d'effroi.
Heureusement j'ai ma gourde sur moi ;
Mes bons amis, buvez tous deux à même.

AIR : *Où diable la délicatesse va-t-elle aujourd'hui se nicher.*

Cette liqueur vermeille et pure
Est précieuse à tous égards,
C'est un bienfait de la Nature,
C'est surtout le lait des vieillards ;
Tant qu'ils n'en font qu'un sobre usage
Elle sert à les rajeunir,
En élevant un doux nuage
Entre leurs yeux et l'avenir.

LE VIEILLARD.

Merci, bon villageois ; nous voilà beaucoup mieux.

LA VIEILLE

Il ne nous faudrait plus que quelque chansonnette
Dont le refrain utile, et cependant joyeux,
Chassât de nos esprits la semonce indiscrète
De ce raisonneur sérieux.

ARLEQUIN.

Suivez-moi près mon maitre et votre affaire est faite.

AIR : *Du vaudeville de Figaro.*

Des vieillards de cette espece
Valent de jeunes garçons ;
En matière d'allégresse
Il leur faut peu de leçons,
Et la vie est une piece
Qu'ils s'apprètent, sans façons,
A finir par des chansons.

D 2

LE VAUDEVILLE.

Venez respectable vieillard ,
Et vous sa compagne fidèle !
Pour rendre à votre esprit sa gaité naturelle ,
Je viens de composer , sans art ,
En un couplet , une chanson nouvelle
Sur l'air : je suis joyeux , je suis toujours gaillard.

(*Il prélude sur son tambourin.*)

LA VIEILLE, *en bavarde.*

Mon bon ami, vous pouvez croire
Que nous serons reconnaissans. ·
Vous rappellez mon jeune tems ,
L'opéra comique et la foire....

LE VIEILLARD, *en hasard.*

En un couplet, c'est bien pour ma mémoire !

LE VAUDEVILLE.

AIR : *Je suis joyeux, je suis toujours gaillard.*

Par la vertu quand un ménage est joint ,
Apprenez, et c'est un grand point,
Qu'au fait, il ne meurt point.
La probité, d'âge en âge ,
Avec le sang se propage ,
Chez les braves gens.
On s'y transmet les mêmes traits frappans ,
Les mêmes sentimens
Et les mêmes penchans :
Dans les enfans
De ses enfans
On vit dans tous les tems.

LE VIEILLARD.

Grand merci ! ce couplet nous ravit.

LA VIEILLE.

Nous soulage !
Adieu, nous retournons vers la Morale.

LE VAUDEVILLE.

Adieu.

MICHAU, *à la vieille.*

Parlez pour lui ?

(elle fait signe que oui.)

ARLEQUIN, *au Vieillard.*

Parlez pour nous.

(il fait signe que oui.)

LE VIEILLARD.

Je gage
Que les vieillards chanteront tous dans peu.

(Le Vieillard et la Vieille reprennent le couplet ci-dessus,
en duo, à partir du cinquième vers, et s'en vont.)

La probité, d'âge en âge, etc.

SCÈNE VIII.

Les précédens, excepté LE VIEILLARD
et sa Femme.

ARLEQUIN et MICHAU, *près d'Young.*

AH ! ah ! ah ! ah ! ah ! ah ! ah !

LE VAUDEVILLE, *à part se frotant les mains.*

Vous y perdrez vos peines,
Ou pour jamais je renonce au métier.

YOUNG, *gravement*

Un moment, rira bien qui rira le dernier,
Votre victoire encor n'est pas des plus certaines ;
    Que cette vieille et son époux barbon,
A mes conseils fassent si peu de fête,
    C'est tout simple, ils n'ont plus leur tête....
C'est à des jeunes gens qui sont pleins de raison....

ARLEQUIN.

Justement j'en vois deux.....

LE VAUDEVILLE.

                    Redoublons de courage.

MICHAU, *à Young.*

Ce qui n'est pas pour vous d'un bien heureux présage,
C'est qu'ils disent déja la petite chanson.

SCÈNE IX.

Les précédens, UN JEUNE HOMME et
sa Femme.

LE JEUNE HOMME.

Air : *Qu'il est long le nez du moine.*

Toujours joyeux, toujours contens,
Et quoiqu'époux encor amans
Depuis dix ans, à tous momens
    Je l'aime, je l'aime.
Comme elle, à tous momens,
    M'aime de même.

LA JEUNE FEMME.

Que nous respectons nos parens !
Que nous chérissons nos enfans !
Quand l'aîné me dit, en m'embrassant,
  Je t'aime, je t'aime,
L'autre en dit tout autant,
  Et fait de même.

YOUNG.

Mes chers enfans, c'est fort bien fait à vous
D'être heureux dans votre ménage ;
Mais d'un plus grand renom l'on doit être jaloux,
  Surtout quand on n'a que votre âge ;
  Le sage est de tous les pays ;
  Il doit, dans le siècle où nous sommes,
Etre, comme je suis, l'ami de tous les hommes,
Et leur faire du bien, du moins par ses écrits.

ARLEQUIN, *au Jeune Homme.*

  Air : *Ne dérangez pas le monde.*

  Cette logique est profonde,
  Mais je crois bien qu'en effet,
  Sur l'orgueil elle se fonde :
    (à Young.)
  Tu rougis.... j'ai ton secret.
  Qu'un plus savant te réponde ;
  Moi qui ne suis qu'un benêt,
  J'aimerais bien tout le monde,
  Si tout le monde m'aimait.

TOUS, *excepté Young.*

  Il aimerait tout le monde,
  Si tout le monde l'aimait.

M I C H A U, à la Jeune Femme.

Même air.

N'enviez point à la ronde,
Un renom de beaux esprits,
Puisque l'amour vous seconde,
Ayez force enfans chéris ;
Et dans une paix profonde
Vivez tout comme je vis :
Oubliés de tout le monde,   } bis, en chœur.
Excepté de vos amis.

LE JEUNE HOMME, à Young.

Je vous croyais un parfait philosophe,
Mais vous n'en avez que l'habit.....

LA JEUNE FEMME, à Young.

Arlequin et Michau, sous leur grossière étoffe,
En peu de mots nous en ont bien plus dit.

YOUNG.

Ce paysan doit être sans lumières ;
Et pour cet histrion, ce n'est qu'un effronté :
Ainsi donc, malgré tous, je vous crierai, mes frères,
    L'humanité, l'humanité !
    Dans les gazettes étrangères,
Heureux, pour un bienfait, qui peut être cité.

LE VAUDEVILLE, accourant.

Sur ce point, à mon tour, pourrai-je être écouté ?
Couple constant, daignez me donner audience.
Faire beaucoup d'heureux est une jouissance
Qui rend l'homme semblable à la divinité ;
    Mais je tiens que la bienfaisance
    Cesse d'être une volupté,
Quand tout le monde est dans la confidence.

N'affichons

N'affichons donc point par jactance
Des sentimens d'humanité,
Pratiquons-la dans le silence.

AIR: *il n'est qu'un mal, il n'est qu'un bien.*

Notre cœur nous le dit tout bas,
L'homme est né pour la bienfaisance ;
Cette vertu, pleine d'appas,
Porte avec soi sa récompense ;
Quand d'une main l'on fait du bien,
Que l'autre main n'en sache rien.

LA JEUNE FEMME, *avec sentiment*

Ah ! merci du couplet.... Il me tarde à présent
Que je connais votre délicatesse,
De vous envoyer sur le champ
Deux petits écoliers.....

ARLEQUIN.

Envoyez, le tems presse...

LE JEUNE HOMME.

Femme, si la Morale, après tout, nous attend
Pour savoir quel docteur ici nous intéresse,
Nous chanterons en l'abordant.

Même air, en Duo.

Notre cœur nous le dit tout bas, etc.

(*Ils s'éloignent en l'achevant.*)

SCÈNE X.

Les précédens , excepté LES JEUNES GENS.

ARLEQUIN, *près d'Young, en comptant sur ses doigts.*

Qui sur trois gagne deux , n'a plus qu'un point à faire.

MICHAU, *goguenardant Young.*

Savoir si les petits enfans
Imiteront leur père et mère.

YOUNG.

Vous me raillez à contre-tems ;
Ma leçon, si je peux les joindre ,
Dans leur tendre cerveau soudain va s'imprimer ,
Et je saurai m'en faire craindre ,
Si je ne puis m'en faire aimer.

SCÈNE XI.

Les précédens, LES ENFANS.

MICHAU.

Les voici.... comme ils nous regardent !
Ils ne savent, ma foi, de quel côté tourner.

ARLEQUIN, *allant pour leur donner la main.*
Empêchons qu'ils ne se hazardent.

LE VAUDEVILLE, *le retenant.*

Non, non, je saurai bien toujours les ramener.

ARLEQUIN.

Air : *De la croisée.*

Leur âge est l'âge des erreurs ,
On peut leur pardonner ce doute ;
Les enfans sont des voyageurs
Qui de grand matin sont en route !
Voyant les sentiers du plaisir
Et de la misantropie ,
Ils ne savent lequel choisir
    Pour entrer dans la vie.   (*bis.*)

YOUNG, *les allant chercher.*

Approchez-vous donc, couple pusillanime ,
Et de tous mes tableaux venez vite jouir ;
Je montre des enfers la peinture sublime.
Ce n'est pas tout : aux enfans que j'estime ,
(Pour prouver qu'ici bas les dieux savent punir ,)
Je montre, en perspective, au loin , dans l'avenir ,
Les châtimens nombreux que la loi garde au crime.

L'ENFANT, *épouvanté.*

Eh mais, monsieur, vous nous faites frémir...

Air : *Ascouta d'Jannette.*

Lorsque l'innocence
Règne avec douceur ,
Dans notre cœur ,
A quoi bon d'avance
Nous saisir d'horreur !
Vos tableaux sont , j'ai peur ,
D'un noir tragique ;
Vos enfers , à ma sœur ,
Feraient frayeur ;

(36)

Nous aimons l'optique ,
Mais c'est quand il est d'un fond comique ,
Et qu'on nous l'explique
De meilleure humeur ,
(Sur la ritournelle.)
Monsieur le docteur ,
Votre serviteur
De tout mon cœur.

M I C H A U , *du ton d'un père nourricier.*

Il leur a fait si peur , avec sa grosse voix ,
Que leur cœur bat comme un cœur de fauvette ;
Buvez un petit coup tous les deux , en cachette ,
Et puis vers ce monsieur nous irons tous les trois.

Air : *Des simples jeux , etc.*

Des simples jeux de votre enfance
Aura tort , qui vous distraira.
D'une trop précoce science
Voudrait-on vous charger déjà ?
Laissez l'homme de la nature ,
Pour affermir votre santé ,
Vous partager sa nourriture ,
Et vous porter… à la gaîté.
(*Il les prend dans ses bras et les met aux pieds du Vaudeville.*)

L A P E T I T E S Œ U R , *montrant le tambourin.*

Air : *Ascouta d'Jannette.*

Celui-là , mon frère ,
N'est pas un docteur
Sombre et grondeur ,
Et son caractère
N'a pas de noirceur ;
(en Vaudeville.
Soyez mon précepteur ,
Et pour me plaire ,

Jouez en ma faveur
Quel air flateur.
Lorsqu'à la musique ,
Le précepte, en badinant, s'applique,
Moi je le pratique
De meilleure humeur.
(le Vaudeville joue le refrain sur son tambourin.)
Ah ! dieu quel bonheur !
Je saute en honneur
De tout mon cœur.

LE VAUDEVILLE.

Air : *Comme v'la qu'est fait.*

Vous m'avez l'air de bons apôtres :
Par le refrain d'un seul couplet .
A ne jamais faire des vôtres,
Je veux vous enseigner d'un trait.
Ce refrain seul vaut tous les nôtres,
C'est un cathéchisme complet :
On ne doit jamais faire aux autres
Que ce qu'on voudrait , en effet ,
Qui nous fut fait ,
Qui nous fut fait.

LE PETIT GARÇON, *après avoir réfléchi.*

Cette leçon est courte et bonne ,
Et c'est comme cela qu'on doit nous enseigner.
Au revoir.

LA PETITE FILLE, *saluant.*

Au revoir.... Il faut que je m'en donne
A chanter ce refrain.

LE PETIT GARÇON.

S'il pourrait donc gagner !

ENSEMBLE.

On ne doit jamais faire aux autres, etc.

(Ils sortent.)

SCENE XII.

Les précédens , excepté LES ENFANS.

MICHAU, *au Vaudeville.*

AIR , *du petit capucin , ouin ouin.*

PRENEZ bonne espérance...

YOUNG, *à part.*

O tems ! o mœurs ! c'est mon refrain,

LE VAUDEVILLE.

Mon cœur jouit d'avance.

ARLEQUIN , *bas. à Michau.*

Que dit-il dans son coin !

YOUNG, *grognant*

Ouin... ouin...

ARLEQUIN, *haut.*

Que dit-il dans son coin !

YOUNG.

Je dis qu'à la frivolité
On a grand tort d'accoutumer l'enfance ;
Qu'on devrait , du jour où l'on pense,
Apprendre à réfléchir sur la fragilité
D'une trop chétive existence.

ARLEQUIN , *avec sensibilité.*

AIR , *de tous les capucins du monde.*

Comme il fait sombre dans son ame !
Je n'irai point crainte de blâme
Parler aux enfans de mourir.

MICHAU.

Sa barbarie est sans pareille ;
Qui diable parle de dormir
A celui-là qui se reveille !

SCÈNE XIII et dernière.

Les précédens, LAMORALE, LES DEUX VIEILLARDS, LES DEUX JEUNES GENS et LES DEUX ENFANS.

LA MORALE.

Et vous dites mes bons amis,
Que l'homme au tambourin vous semble préférable
A ce savant dont les écrits
Ont eu, sur-tout à Londres, une vogue incroyable.

CHŒUR DES VIEILLARDS, DES JEUNES GENS et DES ENFANS, *montrant le Vaudeville.*

AIR : *not' demviselle a dit oui.*

C'est un excellent garçon ,
Croyez nous madame ,
Croyez nous madame ,
C'est un excellent garçon
Qu'il vous faut , madame ,
Épouser sans façon.
Montrant Young.)
Quant à lui , ma foi tenez bon ;
Dédaignez sa flamme ,
Dédaignez sa flamme ,

Ce docteur malgré son renom ,
Met la mort dans l'ame
En vous donnant leçon.

YOUNG.

Ainsi donc contre moi tout le monde conspire !
Si l'on daignait pourtant faire comparaison...

ARLEQUIN, *à Young.*

De votre défaveur savez-vous la raison ?
C'est qu'à tout age on aime à rire.

LE VAUDEVILLE, *l'interrompant ,*
et à la Morale , en câlinant...

A i r : *sur ces gazons, loin des garçons.*

Dans mes chansons
Par vos leçons
Je vous promets d'être bien sage ,
De prendre à la ville , au village ,
Toujours un honnête maintien ,
Et de ne dépasser en rien
Les limites du badinage. . . .

LA MORALE, *souriant et regardant*
Young et le Vaudeville.

Je ne sais si c'est mal ou bien ;
Mais je me sens le courage
de former ce lien.

MICHAU, *enchanté.*

A i r : *rendez moi mon écuelle de bois.*

Vous êtes la femme qu'il faut
Au malin vaudeville.
Dans nos champs où l'on se prévaut
De vous être docile,
On n'en est pas moins l'ami chaud
De ses airs et de son style.
Vous êtes la femme qu'il faut
Au malin vaudeville.

ARLEQUIN.

ARLEQUIN.

Castigat ridendo mores,
Est la simple devise,
Qu'aubas de mes jolis portraits
De tous tems on a mise.
Ce latin là n'est pas d'un sot
Et veut dire qu'entre mille,
Vous êtes la femme qu'il faut
Au malin vaudeville.

LA MORALE.

Si je suis la femme qu'il faut
Au malin vaudeville,
Chez lui je prétends au plutôt
Prendre mon domicile,
Et de-là nous donner le mot,
Pour courir de ville en ville,
Y montrer la femme qu'il faut
Au malin vaudeville.

YOUNG,

Je ne souffrirai point cette mésalliance,
La fille de Minerve a tort de s'enflammer
Pour un je ne sais qui, dont l'obscure naissance
Va la faire avec lui par tout mésestimer.

LE VAUDEVILLE.

Philosophe étranger, tu n'émeus point ma bile;
Mais à ton tour écoute sans humeur
Ces vers, signé, *Boileau des arts,* législateur.
« Le Français, né malin créa le vaudeville,
» Agréable, indiscret, qui conduit par le chant,
» Vole de bouche en bouche et s'accroit en marchant.
» Cet enfant du plaisir veut naitre dans la joie;
» La liberté Française en ses vers se déploye.
Cet acte de naissance en vaut d'autres je crois,

LA MORALE.

Et doit de notre hymen établir tous les droits.

AIR, *du petit mot pour rire.*

En nous unissant aujourd'hui
N'engendrons pourtant pas l'ennui ,
On en pourrait médire ,
Tout en gardant un ton décent
Nous nous permettrons en passant ,
  Le petit mot
  Le petit mot ,
Le petit mot pour rire.

VAUDEVILLE.

YOUNG, *à Arlequin en tirant ses nuits de sa poche.*

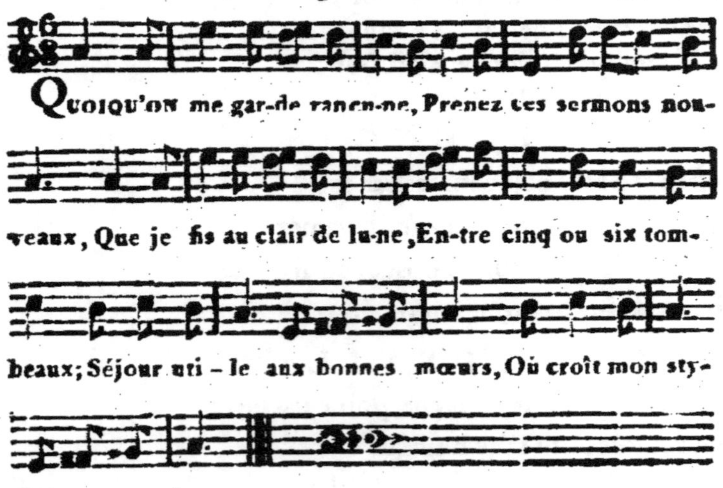

ARLEQUIN.

Merci de votre gros livre,
Il est bien écrit , d'accord ;
Mais pour nous apprendre à vivre,
Vous y parlez trop de mort ,

Le vaudeville
Orné de fleurs,
Est plus utile
Aux bonnes mœurs.

LE VAUDEVILLE.

Reportez en Angleterre
Votre taciturnité ;
Le Français par caractère
Tient toujours a sa gaîté.
Le vaudeville
Orné de fleurs,
Peut étre utile
Aux bonnes mœurs.

MICHAU, *à qui Young présente aussi son livre.*

Si , j'en conviens à ma honte ,
J'écrivais la nuit par goût ;
J'aurais peur de faire un conte ,
Un conte à dormir de bout.
Le vaudeville
Orné de fleurs,
Est plus utile
Aux bonnes mœurs.

LA MORALE, *au public*

Quel plaisir lors qu'en famille ,
Chez nous on viendra souvent ,
Et que la mère à sa fille
Pourra dire en s'en allant ,
Le vaudeville
Avec des fleurs ,
Se rend utile
Aux bonnes mœurs.

FIN.